MÉMOIRE

PRÉSENTÉ PAR

LA CHAMBRE D'AGRICULTURE

A

M. LE GOUVERNEUR

DE L'ILE DE LA RÉUNION

Au sujet du régime du travail établi dans
la Colonie et des modifications que
l'on veut y apporter

MÉMOIRE

PRÉSENTÉ PAR

LA CHAMBRE D'AGRICULTURE

A

M. LE GOUVERNEUR

DE L'ÎLE DE LA RÉUNION

Au sujet du régime du travail établi dans
la Colonie et des modifications que
l'on veut y apporter

———

1er Décembre 1877.

But du Mémoire

Monsieur le Gouverneur,

Les réclamations qui se sont déjà produites, au sujet
de la Circulaire adressée le 24 septembre dernier aux
Syndics de l'Immigration, vous ont appris quelle inquié-
tude cet acte de l'Administration a répandue parmi les
propriétaires de l'Ile. Cette circulaire présente, en effet,
des interprétations de notre législation du travail contraires à celles qu'ont publiées vos prédécesseurs, et con-
damne la manière dont les prescriptions de la Convention internationale ont été appliquées jusqu'à présent.

Nous ne pouvons ignorer, surtout après le passage de la Commission internationale, que l'on songe à modifier le régime du travail établi dans la Colonie par les décrets de 1852, 1860 et 1861. Cependant, cette législation ne pouvant être abrogée que par une loi nouvelle, nous nous attendions à la voir maintenue jusqu'au moment où une nouvelle Convention internationale aurait été signée et promulguée, tandis que, par le fait, la circulaire qui a paru, tout en prétendant réformer simplement des abus, réforme ces lois en partie, et nous donne un règlement nouveau.

La Chambre d'Agriculture n'ayant pas été consultée, bien que les intérêts les plus graves de notre agriculture fussent en discussion, n'a pu se faire entendre de la Commission internationale, ni de notre Administration, avant la publication de ce document, où nous lisons : « que dans la plupart des syndicats, les prescriptions « faites à plusieurs reprises pour l'accomplissement des « obligations réciproques entre engagistes et travailleurs « ont été souvent perdues de vue. Bien plus, certaines « clauses essentielles des contrats d'engagement, demeu- « rant inexécutées, seraient même ignorées parfois des « propriétaires, auxquels il était du devoir des syndics « de les notifier et de les rappeler. »

Le public de la Colonie avait compris que le but de l'enquête dirigée par la Commission internationale était de faire connaître la gravité et la fréquence de certains abus commis sur quelques habitations. Aussi les propriétaires honorables de l'Île, qui forment la très-grande majorité du corps agricole, attendaient-ils cette Commission avec confiance, ne redoutant pas son jugement pour eux-mêmes, et comptant au contraire sur de sérieux avantages, pour l'ordre et la discipline de nos ateliers, d'une répression plus sévère des abus isolés que l'on avait déjà constatés et punis à quelques reprises.

C'est ce qui vous explique, Monsieur le Gouverneur, la surprise générale et les vives réclamations qui se sont produites lorsque la circulaire a posé comme un fait bien établi que la Commission avait constaté des dérogations aux traités introduites dans la pratique par les syndics, c'est-à-dire par l'Administration elle-même, dérogations que la circulaire semble présenter comme substituées d'une manière générale aux stipulations de la Convention.

La Chambre d'Agriculture regrette d'autant plus de ne pas avoir été consultée, qu'en dehors du trouble qui résulte d'un aussi brusque changement dans la réglementation du travail, il y a un très-réel danger pour nous dans cette opinion émise par la circulaire, opinion qui est inexacte et qu'emporte cependant la Commission internationale. Pour admettre, en effet, que les stipulations si formelles de la Convention et de l'arrêté de 1860 aient pu être négligées à ce point par les syndics, il faut supposer chez eux beaucoup d'ignorance ou de complaisance; et l'on arriverait forcément à douter de la loyauté d'une Administration qui aurait si fréquemment manqué au devoir qu'elle avait accepté de protéger les immigrants Indiens.

Cette opinion devra se produire en France et en Angleterre, puisque les rapports adressés par MM. les Commissaires à leurs gouvernements respectifs signaleront ces prétendus abus et les montreront confirmés par la circulaire du 24 septembre. On conclura donc de toutes ces déclarations concordantes que notre législation actuelle ne protége pas les Indiens d'une manière suffisante et doit être modifiée dans un sens plus vigoureux encore ; de telle sorte que notre agriculture sera mise en péril par l'augmentation des charges et des difficultés contre lesquelles nous luttons, et que l'on imposera peut-être à notre Administration l'humiliation d'un contrôle étranger.

Le but que se propose la Chambre d'Agriculture en vous soumettant ce mémoire, Monsieur le Gouverneur, est, avant tout, de détourner de la Colonie le reproche d'avoir, pendant nombre d'années, causé des préjudices répétés aux immigrants Indiens en mettant de côté certaines prescriptions essentielles de la Convention internationale ; nous y parviendrons aisément en faisant connaître à la Commission, s'il en est temps encore, et à l'Administration elle-même, le véritable régime du travail de notre Colonie, que les arrêtés et les circulaires de ces cinq dernières années ont rendu très-incertain.

Nous démontrerons ensuite que la législation d'exception qui protége les immigrants suffira toujours pour la répression des abus que l'on ne saurait complétement éviter, et qu'en augmentant encore les priviléges dont jouissent déjà les immigrants on atteindra ce résultat contraire à toute justice d'opprimer les propriétaires en voulant trop protéger les travailleurs.

Nous terminerons en exprimant le vœu qu'une réglementation nouvelle ne nous soit pas imposée sans que l'on nous ait mis à même d'indiquer les inconvénients qu'elle pourra présenter.

Permettez-nous , Monsieur le Gouverneur , avant d'entrer dans la discussion, de vous faire observer que la Chambre d'Agriculture devra fréquemment combattre les opinions émises par l'Administration dans la circulaire ; elle le fera cependant, sans hésitation , assurée d'avance que vous saurez apprécier le sentiment qui l'anime.

Permettez-nous aussi, faisant appel à votre dévouement pour les intérêts qui vous sont confiés, de vous demander, malgré cette opposition d'opinions, de vouloir bien recommander à l'attention du Ministre des Colonies le mémoire que nous avons l'honneur de vous soumettre,

Régime véritable de l'immigration

Les immigrants Indiens , employés dans la Colonie, ont été introduits principalement en vertu de la Convention internationale du 10 août 1861, et ils sont protégés d'abord par les stipulations de cette Convention, puis par les trois arrêtés locaux du 30 août 1860, des 31 janvier et 18 juin 1861.

Nous n'avons pas à vous rappeler, Monsieur le Gouverneur , que la Convention de 1861 avait été précédée par celle du 25 juillet 1860, autorisant l'introduction, à titre d'essai, de 6,000 travailleurs seulement. L'article 23 de cette Convention était ainsi conçu :

« Le règlement de travail de la Martinique servira
« de base à tous les règlements de la Colonie (de la
« Réunion) en ce qui concerne les immigrants Indiens,
« sujets de S. M. Britannique.

« Le Gouvernement français s'engage à n'apporter à
« ce règlement aucune modification qui aurait pour con-
« séquence, ou de placer les dits sujets Indiens dans une
« position exceptionnelle, ou de leur imposer des condi-
« tions de travail plus dures que celles stipulées par le
« dit règlement. »

Pour se conformer à cette stipulation si formelle, l'Administration centrale adressait au Gouverneur de notre
Colonie, par dépêche du 26 juillet 1860, un projet d'arrêté sur le régime du travail, identique au règlement de
la Martinique.

M. le Directeur de l'intérieur, dans un rapport présenté le 30 août 1860, s'exprime ainsi au sujet de ce
projet d'arrêté :

« Une clause spéciale de la Convention rend obliga-
« toire l'application à la Réunion d'un projet d'arrêté
« sur le régime de l'immigration qui a été transmis au
« Gouvernement local et que nous aurons à examiner
« tout à l'heure. . . .

« Il est un point dont nous devons tout d'abord nous
« pénétrer : c'est que l'application de ce projet d'arrêté
« est une condition *sine quâ non* de l'ouverture des ports
« anglais à l'émigration ; *l'Administration locale* est
« dès lors *obligée* de l'accepter dans *toutes* ses disposi-
« tions, sans pouvoir y apporter d'autres modifications
« que celles qui sont nécessaires pour en approprier l'exé-
« cution à la Colonie. »

Le projet d'arrêté envoyé par le Ministère après avoir
subi ces modifications fut publié le 30 août. C'est le
régime du travail de la Martinique approprié à notre
Colonie. Mais quelques-uns de ses articles ayant paru
contraires à l'esprit du traité international, deux nouvelles dépêches ministérielles firent prendre au Gouvernement local les arrêtés du 31 janvier et du 18 juin 1861,
qui apportèrent à l'arrêté fondamental du 30 août
1860 les dernières modifications.

Ces trois arrêtés destinés à fixer le régime du travail
existent, nous l'avons dit, en vertu de l'article 23 de la Convention de 1860, tandis que l'introduction de la très-grande
majorité de nos travailleurs Indiens n'a été autorisée que
par la Convention du 18 août 1861. Mais cette seconde

Convention, loin de porter aucune atteinte à cette réglementation nouvelle du travail, reproduit, sans y changer un terme, ce même article 23 et consacre ainsi d'une manière définitive le règlement de travail adopté précédemment par notre Gouvernement local et auquel celui-ci ne peut plus désormais porter aucune modification.

Il résulte d'une étude attentive de ces différents documents que les deux gouvernements contractants se sont entendus pour mettre, par les articles 6, 7, 8, 9 et 10 de la Convention, les immigrants à l'abri de toute déception à leur arrivée dans l'une de nos colonies, en établissant d'abord que le premier contrat serait passé dans l'Inde, avant le départ, sous la surveillance des agents des deux gouvernements et qu'il contiendrait certaines stipulations lui assurant une existence matérielle largement suffisante. Ainsi ces contrats doivent *obligatoirement* indiquer : 1° la durée de l'engagement ; 2° le nombre des jours et des heures de travail ; 3° les gages et les rations ; 4° l'assistance médicale gratuite.

L'article 8 de la Convention qui fixe, dans ces termes tout à fait généraux, les quatre stipulations principales que doivent contenir ces contrats, laisserait aux contracteurs une liberté à peu près entière pour chacune de ces stipulations, si l'on n'avait pas pris le soin, par d'autres articles de la Convention elle-même ou du règlement du travail, de déterminer avec une précision plus grande plusieurs de ces points.

Ainsi la Convention, reprenant successivement les deux premiers paragraphes de l'article 8, décide que :

« Art. 9. La durée d'un engagement est au maximum « de cinq années, et à l'expiration de cet engagement « l'immigrant a droit à son rapatriement gratuit.

« Art. 10. L'immigrant ne pourra être tenu de travailler plus de 6 jours sur 7 et plus de 9 heures 1/2 « par jour. »

L'arrêté du 30 août 1860 fixe, par son article 28, la ration quotidienne à laquelle l'immigrant a droit, si le contrat ne stipule rien à cet égard ; et, par l'article 29, impose aux engagistes, en outre de l'obligation de fournir aux immigrants l'assistance d'un médecin, celle d'établir une infirmerie dans chaque atelier de plus de vingt hommes.

Ainsi les seules stipulations rendues obligatoires par la Convention pour les premiers contrats sont celles que nous venons d'énumérer.

Cependant, par un excès de précautions en faveur de l'immigrant, la Convention a entendu, par le § 4 de l'article 9, lui conserver le bénéfice de ces dispositions s'il vient à contracter un nouvel engagement. Mais les législateurs ont évidemment pensé qu'à ce moment, après deux engagements successifs, l'Indien était en mesure de défendre lui-même ses intérêts et de louer ses services à des conditions avantageuses, s'il entend séjourner plus longtemps dans la Colonie.

Ainsi, des termes de la Convention résulte implicitement que, *si l'Indien contracte un troisième engagement, il renonce tacitement au droit du rapatriement*, et que, dès lors, son troisième contrat est affranchi de toutes les clauses jusque-là obligatoires, et ne dépend plus que de sa volonté et de celle de son engagiste.

C'est à tort que l'on cite le § 5 de l'article 26 de la Convention internationale de 1861 comme rendant obligatoires les stipulations des contrats primitifs pour toute la durée du séjour de l'immigrant dans la Colonie. Ce paragraphe dit seulement que, en cas de cessation de la Convention, les stipulations *de la Convention* resteront en vigueur pour les Indiens jusqu'à ce qu'ils aient été rapatriés ou qu'ils aient renoncé à leur droit à un rapatriement.

Nous avons vu que la Convention ne considère le rapatriement gratuit comme un droit pour l'immigrant que jusqu'à la fin du second engagement. Ce paragraphe de la Convention ne contredit pas les articles précédents; il en contient au contraire la répétition pour exprimer que ces clauses seraient maintenues même après la dénonciation de la Convention.

Par conséquent, si les propriétaires de la Colonie ont *accepté* sans résistance la solution contraire, qui consiste à prétendre que les conditions des premiers contrats restent toujours obligatoires, ils ne l'ont acceptée du moins qu'en ce qui concerne les conditions rendues obligatoires par la Convention.

Or, de toutes ces stipulations, une seule est formelle: la durée des engagements qui est de cinq ans au maximum. Toutes les autres peuvent être plus ou moins modifiées au gré des contractants. Ainsi, le nombre des jours et des heures de travail n'est pas absolu, puisque le § 3 de l'article 8 de la Convention admet que, moyennant un salaire indépendant des gages, l'on puisse demander aux Indiens un travail extraordinaire et que l'article 31 de l'arrêté de 1860 décide que la journée *ordinaire* de travail sera de 9 h. 1/2 *à moins de conventions contraires*; la prime n'est pas obligatoire pour le second engagement, elle est facultative, et sa valeur, dans tous les cas, reste indéterminée; le droit au rapatriement n'est pas non plus réservé d'une manière absolue, l'immigrant pouvant y renoncer dès la fin de son premier engagement; la ration elle-même dépend, soit des arrêtés locaux, qui peuvent la modifier suivant les circonstances, soit encore des conventions particulières des parties.

Quant à la solde, il est à remarquer que ni la Convention, ni l'arrêté de 1860 ne la déterminent; la fixation en est réservée aux parties. C'est par suite de cette latitude des termes de la Convention que le taux des salaires mensuels n'est pas fixe, même pour les contrats passés dans l'Inde; les contrats primitifs stipulent des gages, tantôt de 10 francs, d'autres fois de 12 f. 50.

Et quant aux rechanges et à d'autres conditions *des contrats*, il n'en est pas même fait mention dans la Convention.

Toute la discussion se réduira donc à ce point : La circulaire apporte-elle, ou non, des modifications à la législation de l'immigration établie :

1° Par la Convention internationale de 1861 ;

2° Par les trois arrêtés locaux du 30 août 1860, des 31 janvier et 18 juin 1861 ?

Atteintes portées aux lois et aux règlements du travail par la Circulaire du 24 septembre 1877

1° RETENUES SUR LES SALAIRES

Texte de la Circulaire :

Ces retenues sont de plusieurs sortes :

1° Lorsqu'elles sont opérées pour compenser

des avances de salaires faites en présence des
agents de l'Administration, elles sont légales et
vous devez en provoquer le règlement, sous la
seule condition que le remboursement sera frac-
tionné de manière à ne jamais excéder le cinquième du salaire mensuel ;

2° Les retenues à titre d'amendes, de punition
disciplinaire ou en paiement de fournitures quel-
conques, faites aux engagés par les mains ou sur
bons des régisseurs ou propriétaires, sont interdi-
tes d'une manière absolue; et l'on doit scrupuleusement payer, en votre présence, la totalité de la
solde stipulée dans le contrat, sauf aux fournisseurs et créanciers à s'adresser ensuite directe-
ment aux travailleurs et, à défaut, aux tribunaux
pour obtenir le paiement de ce qui leur est dû.
Quant à vous, votre devoir est d'exiger le paiement intégral du salaire, sans entrer personnelle-
ment dans des discussions de comptes particuliers
avec des fournisseurs divers et dont le règlement
a souvent ouvert la porte à de regrettables abus ;

3° En ce qui concerne les retenues parfois faites
pour objets volés, il ne saurait appartenir aux
propriétaires de les déterminer eux-mêmes : elles
ne devront donc être reconnues qu'autant qu'il y
aura eu jugement et qu'elles auront été ordonnées
par le juge, qui a seul qualité pour en fixer le
montant.

Il semblerait résulter de la rédaction de ce paragraphe de la circulaire que les seules retenues reconnues
légales sont celles qui ont pour but le remboursement
d'avances faites en présence des agents de l'Administration.

Cependant nous avons inutilement cherché le décret
suspendant l'action, pour les immigrants, des articles
du Code civil qui établissent que la compensation de

deux dettes s'opère de plein droit par la seule force de la loi.

Dès lors, il y a beaucoup de retenues qui sont d'une légalité indiscutable; ainsi, celles opérées par le propriétaire pour se rembourser d'avances réelles, faites ou non en présence des agents administratifs, et reconnues par les débiteurs; ou bien pour ventes à crédit d'effets d'habillement, de provisions, etc., ou bien encore pour paiement des impositions des immigrants, d'amendes que leur auraient infligées les tribunaux , etc.

Ce paragraphe exige encore que le remboursement de la somme due n'excède pas le cinquième du salaire mensuel. Nous savons que les fonctionnaires civils et militaires jouissent d'un privilége à cet égard, mais ce privilége résulte d'une loi spéciale, qui n'existe pas à notre connaissance pour les immigrants, que nous sommes très-étonnés de voir ainsi assimilés aux fonctionnaires. Cette disposition aurait du reste pour eux plus d'inconvénients que d'avantages; elle rendrait impossibles les avances que les propriétaires font souvent à leurs travailleurs. Quel est le propriétaire qui consentira à prêter 60 francs à l'un de ses engagés ayant subi une condamnation judiciaire, propriétaire civilement responsable, si pour se rembourser il ne doit opérer que des retenues mensuelles de 2 f. 50 et attendre deux années le remboursement intégral de la dette?

Si cette prescription venait à être appliquée, toutes les condamnations des immigrants seraient forcément transformées en journées de travail dans un atelier disciplinaire; et des inconvénients graves en résulteraient aussi bien pour les propriétaires, qui seraient très-fréquemment privés du travail de leurs hommes par ces condamnations, que pour les engagés, que l'on exposerait à des emprisonnements fréquents tout en désirant les protéger.

Ce paragraphe de la circulaire est donc en opposition avec le Code civil; et la Chambre d'Agriculture vous le signale en outre comme manquant absolument de ce caractère paternel que la circulaire entend donner à la discipline des ateliers.

2° SALAIRES RÉDUITS, RECHANGES

Texte de la Circulaire :

Le taux réglementaire des salaires (12 f. 50 c. pour les hommes, 7 f. 50 c. pour les femmes, 5 f. à 7 f. 50 c. pour les enfants), ainsi que les conditions essentielles des contrats primitifs passés dans l'Inde, telles que celles qui sont relatives aux rechanges, à la nature et à la quantité de la nourriture, aux soins médicaux, etc...., doivent être maintenus et contrôlés avec le plus grand soin. Lorsque des dérogations à ces stipulations vous seront demandées, sur les contrats de rengagement, vous en référerez au Chef du service de l'Immigration, en indiquant les circonstances particulières qui peuvent justifier une exception.

Le contrat d'engagement passé dans l'Inde stipule aussi que l'immigrant aura droit à deux rechanges par an. C'est une clause obligatoire du contrat qui doit être maintenue pendant toute la durée du séjour de l'immigrant dans la Colonie.

La circulaire ordonne donc le maintien indéfini des contrats primitifs, confondant ainsi les prescriptions de simples contrats avec les stipulations de la Convention internationale et de l'arrêté de 1860.

Les stipulations faites en faveur des Indiens par ces traités doivent être maintenues, nous l'avons reconnu précédemment, pour tous les Indiens qui n'auront pas renoncé à leur droit de rapatriement.

Il n'en est pas de même des conditions du contrat primitif qui cessent d'exister au moment où ce contrat se termine ; et si *certaines* de ces prescriptions reparaissent lors du rengagement, c'est parce que la Convention les rend obligatoires.

Nous avons établi que ni la Convention ni les arrêtés de 1860 et 1861 ne déterminent le chiffre de salaire que l'Indien recevra pour son travail. Lorsqu'il s'agit du premier engagement, cette solde est fixée dans l'Inde, et nous avons fait remarquer que le chiffre qui l'exprime n'est pas constant. Lorsqu'il s'agit d'un premier rengagement, l'immigrant a le droit de débattre cette condition du nouveau contrat, et s'il s'agit d'un *nouveau rengagement* la liberté de l'Indien est complète.

Cependant l'arrêté du 10 septembre 1872 établit que le syndic étant le *tuteur légal* des immigrants, a seul qualité pour passer des contrats d'engagements, et qu'il doit maintenir dans les nouveaux contrats toutes les clauses et conditions que portaient les premiers en faveur des Indiens.

On réduit donc encore, par cet arrêté, les droits que le traité de 1861 et l'arrêté de 1860 laissaient aux immigrants, puisque l'on substitue la *tutelle* du syndic à sa simple protection et que l'Indien, considéré désormais comme un interdit, est complétement privé du droit de renoncer à aucune des clauses de son contrat primitif, même celles que la Convention ne rendait pas obligatoires. On a donc changé d'une manière importante la condition des Indiens et en les mettant dans une position aussi exceptionnelle, l'on a oublié cette prescription de l'article 23 de la Convention :

« Le Gouvernement français s'engage à n'apporter « à ce règlement (règlement du travail) aucune modifi- « cation qui aurait pour conséquence de *placer les dits* « *sujets anglais dans une position exceptionnelle....* « etc.... »

Nous indiquerons, mais seulement pour mémoire, que cet arrêté est également contraire à l'article 38 de l'arrêté de 1860 qui décide que les contrats peuvent être passés devant les maires, les greffiers de justice de paix et les officiers publics.

Cet arrêté, contraire à la Convention et à l'arrêté fondamental de 1860, est, en outre, contraire à nos lois civiles.

On ne peut nier, en effet, que les immigrants Indiens, qui ont été introduits par l'Administration dans la Colonie, n'aient été, par le fait, admis à y résider. Ils jouissent donc de tous les droits civils. Une fois libres de leur *premier* engagement, ils sont complétement dans le droit commun et s'ils s'adressaient à nos tribunaux

pour revendiquer leur pleine et entière liberté de contracter, *peut-être reconnaîtrait-on que le traité international de 1861 lui-même ne pouvait abroger, pour
ces immigrants, les articles de nos lois françaises qui
déterminent les droits dont jouissent les étrangers sur
notre territoire.* Mais tout en admettant, pour les Indiens, le droit de se soustraire à cette tutelle en invo-
quant nos lois, nous reconnaissons que les propriétaires
ont le plus grand avantage à voir les prescriptions de la
Convention étendues aux rengagements, puisqu'en ne
discutant pas son autorité, en nous soumettant à toutes
ses prescriptions, nous profitons des facilités que ce régime d'exception nous donne pour maintenir la discipline dans nos ateliers et obliger nos travailleurs à l'exécution de leurs contrats.

Ainsi nous n'élevons aucune réclamation contre les
restrictions apportées par les règlements à la liberté des
contractants, autant qu'elles ne dépassent pas celles
énoncées dans la Convention pour les premiers contrats;
mais il ne nous est pas possible d'admettre que l'on pri-
ve les Indiens de la partie de leur liberté de contracter
qu'avait respectée la Convention et qu'ils tiennent de la
loi.

Il ne peut donc être interdit aux syndics d'approuver
des contrats de rengagement qui réduisent la solde pri-
mitive et ne font aucune mention des deux rechanges
et des journées de Pongol.

3° JOURNÉES D'ABSENCE

Texte de la Circulaire :

Les formalités à remplir pour donner droit au
remploi des journées d'absence sont réglées par
l'arrêté du 19 février 1863 et le jugement du 27
juin 1877 qui vous a été notifié le 24 du mois
suivant. Vous veillerez à l'observation des règles
établies et de la jurisprudence consacrée par le
Tribunal qui ne comportent pas d'exceptions.

Il est à remarquer, en la matière, que l'article 6
du décret du 13 février 1852 a été virtuellement

abrogé par l'article 9 de la Convention internationale et les règlements interprétatifs de cette Convention.

Citons de suite « les règlements interprétatifs de la Convention » dont parle la circulaire.

La circulaire du 1er septembre 1862 décide que l'immigrant qui s'est absenté du travail doit :

1° Remplacer le temps d'absence par un nombre de jours égal à celui de l'interruption ;

2° Subir une privation de salaire pour chaque jour d'absence ;

3° Si la cessation de travail a eu lieu sans motif légitime, subir, à titre de dommages-intérêts, la retenue d'une deuxième journée de travail.

L'arrêté du 19 février 1863 indique les formalités à remplir pour faire constater les journées d'absence des travailleurs. Mal interprété par les syndics, qui pensèrent qu'il entraînait l'abrogation de l'article 6 du décret du 13 février 1852, il fut expliqué par la circulaire du 13 mars suivant, dont voici le texte : (1)

Ainsi les « règlements interprétatifs de la Convention » donnent une opinion tout à fait contraire à celle exprimée dans la circulaire.

Notons aussi que les contrats passés dans l'Inde, sous les yeux et par les soins de l'autorité anglaise, indiquent l'application simultanée de l'article 9 de la Convention et de l'article 7 du décret de 1852.

Du reste, l'article 56 de l'arrêté de 1860 n'aurait dû permettre aucun doute à cet égard.

« Art. 56. Lorsqu'il y a lieu, conformément aux ar
« ticles 6 et 7 du décret du 13 février 1852, d'opérer
« des retenues sur les salaires pour cause d'absence au
« travail, etc...... »

Nous nous bornerons à rappeler que l'Administration

---

(1) Voir pièce justificative.

locale s'est reconnue privée du droit d'apporter aucune modification à cet arrêté de 1860. Ainsi, bien que ce droit ait été abandonné par les propriétaires lorsqu'il s'agit de longues désertions, cependant on ne pourrait y voir un abus lorsqu'il est conservé pour punir les désertions ordinaires, pour le maintien de la discipline.

4° JOURNÉES DU PONGOL — PAIEMENT DES SALAIRES

Texte de la Circulaire :

Sur les établissements en général, les quatre journées de congé (Pongol), à l'occasion du jour de l'an, sont considérées comme journées d'absence et, en conséquence, les salaires ne sont payés que sous la déduction de ces quatre jours. Cette pratique n'est pas légale. Les jours de congé du Pongol constituent une des conditions des contrats passés dans l'Inde et font partie intégrante des avantages accordés à l'immigrant. Vous aurez donc à vous opposer à ce que ces journées soient déduites des salaires du mois de janvier.

Lorsqu'il s'agit de retenues légales, des modes différents sont usités, suivant les établissements, pour le calcul de la journée de solde des travailleurs. A l'avenir, cette journée sera calculée uniformément et d'après les principes de la comptabilité administrative, c'est-à-dire sur la base de 30 jours par mois. Ainsi, la journée d'un travailleur adulte ayant un salaire mensuel de 12 f. 50, sera de $\frac{12\ f.\ 50}{30}$ soit 0 f. 4166.

Les contrats passés dans l'Inde portent, en effet, la mention que l'immigrant aura droit « à quatre journées de congé par an à l'occasion de la célébration de la fête dite *Pongol* », mais rien n'indique certainement qu'ils doivent recevoir leur salaire pour ces quatre jours de congé.

Cette exigence nouvelle de l'Administration de nous faire payer aux Indiens ces quatre jours de congé provient de l'interprétation donnée aux mots « salaires mensuels ». Nous devrions, d'après la circulaire, ne plus tenir compte des 26 jours de travail réglementaires, mais des 30 jours du mois ; ce qui revient à dire que l'on ne fait plus de distinction entre les jours de travail et ceux de congé.

Il est fâcheux qu'en rédigeant ces paragraphes de la circulaire, l'on n'ait pas remarqué la contradiction qui existe entre cette opinion, d'après laquelle le salaire quotidien est obtenu en divisant le salaire mensuel par 30, et le jugement du 27 juin 1877, que l'on vise cependant en nous l'indiquant comme fixant la jurisprudence à cet égard. Ce jugement, rendu en appel, dit formellement que le prix de la journée de travail devra être déterminé en divisant par 26 la solde mensuelle.

Ainsi ce jugement décide que nous devons payer à nos travailleurs non pas les trente jours du mois, mais seulement leurs journées de travail.

Cette solution est la seule logique, du reste. Ainsi qu'un Indien réponde à l'appel des six premiers jours de l'année 1878; puis, qu'il s'absente pendant tout le reste du mois de l'établissement sur lequel il travaille. Il aura droit, d'après la circulaire, à 6 journées de solde et devra toucher 2 f. 50. Cependant il n'aura travaillé qu'un jour, car les 4 premiers jours de l'année sont ceux du Pongol et le sixième est un dimanche.

La Chambre pense donc que sur ce point encore la décision de la circulaire ne peut être maintenue.

Permettez-nous, Monsieur le Gouverneur, avant de vous présenter la suite de nos observations, de résumer en quelques lignes la discussion précédente.

Si nos syndics en étaient arrivés à laisser des usages illégaux se substituer d'une manière générale aux prescriptions de la législation protectrice accordée aux immigrants ; s'ils avaient privé les Indiens, dans les contrats de rengagement, des avantages que le traité inte national entend leur assurer ; si, en outre, ils n'avaient pas su les mettre à l'abri des exactions des habitants en interdisant à ceux-ci de retenir arbitrairement une partie des salaires dus aux travailleurs; si, en un mot, ils avaient fait preuve de l'ignorance et de l'incapacité dont les accuse la circulaire, le jugement qui les atteindrait ne pourrait être trop sévère.

Mais la Chambre d'Agriculture espère que ses efforts pour rétablir la vérité auront pour première conséquence de mettre à l'abri de mesures désastreuses des employés dont le rôle, rendu si difficile par des instructions et des arrêtés sans nombre et presque toujours contradictoires, est cependant resté à l'abri de la plupart des reproches qu'autorise la circulaire.

Nous espérons avoir démontré en même temps que notre population créole mérite plus de confiance que n'en témoigné la circulaire, car c'est à tort qu'elle signale comme contraires à la Convention nos contrats de rengagement, qui en respectent au contraire toutes les stipulations ; c'est à tort qu'elle regarde comme abusives les peines infligées aux déserteurs, puisqu'elles sont autorisées par l'arrêté de 1860, et même par les contrats passés dans l'Inde ; qu'elle signale encore comme des abus des retenues que les engagistes opèrent dans certains cas, notamment lorsqu'il y a lieu d'appliquer le principe de la compensation des dettes que prescrit le Code civil.

Il est vrai que des abus réels ont eu lieu ; que tous les propriétaires ne se sont pas bornés à opérer des retenues légales, qu'ils en ont imposé d'arbitraires à leurs hommes ; que parfois même les contrats primitifs n'ont pas été scrupuleusement exécutés. — Nous le reconnaissons. — Mais ces abus tiennent à l'imperfection de notre nature et non à celle de nos lois.

Aussi nous proposons-nous, dans la seconde partie de ce mémoire, de démontrer que la législation de l'immigration suffit pour réprimer tous les abus qui peuvent se produire, et protéger les immigrants.

Condition des Indiens dans la Colonie
— Législation de protection

Nous avons montré que l'émigrant ne quitte l'Inde que pourvu d'un contrat qui lui assure, pendant plu sieurs années, une existence matérielle suffisante et un salaire relativement élevé.

Son engagement terminé, il devra choisir, s'il est dépourvu de moyens d'existence, entre son rapatriement gratuit et un nouvel engagement.

Les cinq années qu'il vient de passer dans la Colonie lui ont permis de se rendre compte du sort que lui assurera un nouveau contrat; il connaît désormais, par expérience, la nature, la quantité, les difficultés du travail qu'il devra fournir; il connaît toutes les obligations qui lui seront imposées et la discipline à laquelle il devra se soumettre; mais il a également appris quels sont ses droits et comment il doit les faire valoir. Il sait, qu'aussi longtemps qu'il lui plaira de rester dans notre Colonie et d'y louer son travail, les règlements qui déterminent toutes les conditions de ces contrats le mettent absolument à l'abri de la misère, en lui assurant un logement, sa nouriture et une solde.

Si le genre d'existence que ces contrats assurent à notre population agricole était mieux connu, l'on reconnaîtrait certainement que leur sort est bien mieux garanti que celui de ces millions d'ouvriers européens que décime si cruellement une misère inconnue sous notre climat, qui méritent autant d'intérêt que des Cafres ou des Indiens, et que pourtant on ne songe pas à protéger par des lois exceptionnelles.

Croit-on avoir constaté dans la Colonie un abus des moyens d'action dont nous disposons, pour obliger ces travailleurs à subir nos exigences lorsqu'ils veulent renouveler leurs engagements? Mais l'Indien aurait un premier moyen pour se soustraire à cette oppression; si elle était réelle, il lui suffirait de demander son rapatriement, qui lui *est toujours* réservé, aussi longtemps qu'il ne demande pas à se fixer définitivement dans la Colonie. En outre nous venons de démontrer que tous ces contrats de rengagement signalés comme dérogeant aux prescriptions de la Convention internationale y sont au contraire conformes; et que dès lors les abus sont moins fréquents qu'on ne l'a dit.

Nous croyons avoir le droit d'affirmer que, si l'on avait plus soigneusement étudié les faits, les conclusions de l'enquête eussent été différentes. Le calme et la sécurité dont jouit notre Colonie depuis deux siècles prouvent bien que jamais nous n'avons opprimé nos travailleurs, libres ou esclaves, et les concessions que nous avons faites à l'Administration au sujet des Indiens auraient dû éclairer nos juges. Nous aurions eu le droit, en effet, d'opposer aux réclamations du gouvernement britannique les termes de la Convention internationale et de déclarer que nous en voulions l'exécution stricte. Nous avons fait, au contraire, de larges concessions; mais il est à noter que, loin de nous en tenir compte, le gouvernement anglais augmente ses exigences en raison même de nos dispositions conciliantes, et nous amène à prévoir une réglementation si arbitraire du régime d'immigration que nous serions condamnés à ne plus demander aux possessions anglaises de nouveaux travailleurs.

Cependant, pour nous défendre contre les accusations des sociétés philanthropiques, notre Administration eût pu répondre que la sécurité donnée aux Indiens par l'application permanente, à tous les contrats, des prescriptions de la Convention ne résulte pas des termes de ce traité, qu'elle est uniquement due à notre consentement; que la Convention, comme nous l'avons démontré, stipule surtout pour les contrats passés dans l'Inde et pour les contrats du deuxième engagement, mais que ses stipulations ne concernent pas les autres contrats que passera l'immigrant s'il peut prolonger son séjour dans la Colonie.

Telle est bien la Convention.

Et cependant, *en aucun cas*, nous n'avons refusé à un Indien un rapatriement gratuit, même à la fin d'un dixième engagement, même après vingt-cinq ans et plus de séjour, que l'Indien fût venu dans la Colonie antérieurement ou postérieurement à la Convention de 1861; et nous avons cédé, sans discussion, lorsque l'Administration française, espérant apaiser les réclamations du gouvernement anglais par les plus larges concessions, nous prescrivait de considérer comme obligatoires, *pour tous les contrats successifs*, les stipulations que la Convention n'attachait qu'aux deux premiers.

Voudrait-on nous reprocher une application stricte aux déserteurs de l'article 6 du décret de 1852? Mais de nous-mêmes nous avons presque généralement abandonné le droit d'appliquer la peine qu'il édicte et, *en aucun cas* encore, on n'en pourrait citer l'application à des déserteurs qui auraient abandonné leurs ateliers pendant plusieurs années ou même plusieurs mois.

Mais si l'on ne peut plus s'appuyer sur le nombre de nos prétendus abus pour nous imposer une législation plus rigoureuse, peut-on trouver un motif dans des considérations d'un autre ordre ? Voudrait-on, par exemple, protéger les immigrants contre un avilissement de la main-d'œuvre ?

Les faits prouvent que rien de semblable n'est à craindre. Les bras nous manquent ; depuis plus de dix ans le prix des salaires augmente d'une manière lente, mais continue. Au lieu de craindre l'avilissement du prix de la main-d'œuvre nous avons au contraire à prévoir son renchérissement prochain, car la détresse de notre agriculture ne nous permet même plus d'introduire annuellement le nombre d'hommes nécessaire pour compenser nos pertes annuelles et encore moins pour combler le déficit de 10 ou 15 mille travailleurs qui se présente dans nos ateliers.

Serait-il juste, du reste, si cette éventualité était à craindre, de porter une atteinte aussi considérable à la loi économique qui régit les salaires et en fait dépendre la valeur de la rareté ou de l'abondance des bras ?

Il ne nous est donc pas possible de comprendre sous l'empire de quelle préoccupation agissent ceux qui veulent pousser la réglementation des contrats à un point de minutie tel que tout y soit prévu, jusqu'au nombre minimum de mouchoirs (article 29) que les immigrants doivent nous réclamer.

Nous avons montré que le sort des immigrants est assuré par les conditions obligatoires des contrats ; et que les circonstances où nous nous trouvons rendent chaque jour plus favorables les conditions de primes, de solde, que la Convention leur laisse le soin de débattre avec les propriétaires.

Voici maintenant les moyens que leur donne cette législation d'exception pour nous contraindre à l'exécution de ces contrats.

Au centre de chaque commune se trouve un syndic protecteur chargé de veiller à ce que les salaires et les prestations dus aux immigrants leur soient régulièrement fournis. Lorsqu'un immigrant a quelque réclamation à faire, aucune entrave ne doit lui être opposée et le syndic ne peut se refuser à la transmettre à l'autorité compétente.

Le syndic doit visiter périodiquement les différentes propriétés et s'assurer par lui-même que les engagistes s'acquittent de toutes leurs obligations envers leurs engagés. Il concilie les différends entre les engagistes et les engagés, sauf à intenter, s'il y a lieu, dans l'intérêt de ces derniers, une action en leur nom devant la Justice de paix.

Pendant toute la durée de leurs engagements successifs, les immigrants jouissent du bénéfice de l'assistance judiciaire.

Remarquons ici que non-seulement le droit et les moyens de faire parvenir leurs plaintes jusqu'au syndic protecteur sont assurés aux Indiens, mais que ce droit peut être et a été souvent poussé par eux jusqu'à l'abus, sans que les engagistes aient aucun moyen de s'y opposer, la loi leur refusant le droit de faire punir un Indien qui les aurait calomnieusement accusés.

Qu'une plainte soit reconnue juste, le syndic la transmet au Commissaire de l'immigration qui, après l'avoir soumise au Directeur de l'intérieur, la fait parvenir au syndicat d'arrondissement.

Il en existe deux pour la Colonie ; l'un à Saint-Denis, l'autre à Saint-Pierre. Chacun d'eux est composé du Procureur de la République, d'un avocat ou d'un avoué désigné chaque année par la Cour d'appel, d'un conseiller municipal désigné par le maire.

Le syndicat décide s'il y a lieu, dans l'intérêt de l'immigrant, d'introduire une action devant l'une des juridictions de la Colonie, et dans ce cas il se constitue mandataire légal du plaignant.

Le syndicat peut encore poursuivre d'office devant les tribunaux la résiliation du contrat, lorsque les conditions sous lesquelles il a été contracté ne sont pas observées à l'égard des immigrants.

Nous ne voyons pas quel système de protection peut être jugé plus efficace que le précédent.

D'après cette législation, le contrat par ses clauses obligatoires, nous tenons à le répéter, assure le sort de l'immigrant. Lorsque le contrat n'est pas exécuté, ou bien que l'engagiste a manqué aux devoirs, aux égards que lui impose les lois, l'Indien a la faculté de porter une plainte au syndic, qui obtient justice en sa faveur, soit du propriétaire lui-même, soit des tribunaux si la plainte est fondée.

Pour qu'un abus pût exister et durer, il faudrait que le syndic refusât de remplir son devoir. Dans ce cas cependant l'Indien ne reste pas sans protection, car l'article 20 lui réserve d'une manière formelle le droit de se mettre, dès qu'il le veut, en rapport avec le consul de S. M. B.

Nous trouvons ici, Monsieur le Gouverneur, une occasion nouvelle de montrer quelle latitude l'on entend donner, à notre désavantage, aux stipulations de la Convention, dans certaines occasions.

L'article 20 de la Convention accorde aux engagés le droit d'entrer en rapport avec l'agent consulaire de sa nation ; mais il ne peut invoquer son assistance qu'au même titre que les autres sujets britanniques et suivant les règles du droit international; *le tout sans préjudice, bien entendu, des obligations résultant de l'engagement.*

N'aurions-nous pas le droit de nous plaindre de l'abus qui a été fait de ce principe posé par le traité ? Est-ce bien conformément au droit international que nous voyons des ateliers entiers déserter le travail par bandes de 50, 100 ou 200 hommes, pour se transporter chez le consul britannique ? Le préjudice qui en résulte pour le propriétaire ainsi abandonné par ses travailleurs est des plus graves ; et non-seulement notre Administration, mais le consul britannique lui-même, auraient dû s'efforcer de prévenir ces infractions graves aux engagements et à la discipline.

Mais les droits donnés au consul britannique, sans doute par l'interprétation nouvelle de l'article 19 de la Convention, constituent une infraction formelle au traité. L'article 19 s'exprime ainsi :

« Tout engagement ou acte de renonciation au droit
« de rapatriement gratuit *sera communiqué* à l'agent
« consulaire. »

On exige aujourd'hui que l'acte de rengagement

soit soumis au visa du consul britannique. Mais ce visa ne peut constituer qu'une simple formalité, n'ayant d'autre effet que d'obliger le chef du service d'immigration à tenir le consul au courant des actes de rengagement, en lui *communiquant* le contrat.

Le contrat existe, nous l'avons démontré, par le seul fait du consentement des deux parties contractantes, et doit recevoir son exécution immédiate.

Si le consul britannique, en refusant son visa, pouvait suspendre les effets d'un contrat, ce fonctionnaire étranger jouirait du privilége inouï de suspendre l'action de nos lois civiles.

Vœux exprimés par la Chambre d'Agriculture

Nous nous sommes efforcés d'exposer, sans aucun parti pris, nos droits véritables, l'illégitimité des prétentions qu'on leur oppose et la situation faite à notre agriculture.

Nous réclamons la protection de l'Administration française.

Toutes les concessions possibles ont été faites ; des concessions plus étendues compromettront l'avenir de notre Colonie.

La Chambre d'Agriculture demande donc avec instance :

1° Que le nouveau règlement du travail ne soit que la réglementation des concessions déjà faites par nous et dans les limites où nous les avons faites ;

2° Que le nouveau règlement du travail, avant de recevoir force de loi, soit soumis aux observations des assemblées de la Colonie ;

3° L'ouverture de centres nouveaux de recrutement, dans des conditions assurant la moralité des opérations, tant à la Côte d'Afrique qu'à Madagascar et en

Chine, — attendu que les réclamations nouvelles du gouvernement britannique, si elles sont admises, équivaudront en fait à l'interdiction du recrutement dans l'Inde.

Le Rapporteur,

ALPH. SICRE DE FONTBRUNE.

———

Adopté à l'unanimité par la Chambre d'Agriculture, dans sa séance du 30 novembre 1877.